la FOI
ou la manifestation

ayez foi
~~faites semblant~~
jusqu'à ce que
vous y parveniez

Dr Nathalie Turgeon Ph.D.

Tous droits réservés. Ce livre ne peut être reproduit en tout ou en partie, stocké dans un système de recherche, ou transmis sous quelque forme ou par quelque moyen que ce soit électroniquement, mécaniquement ou autre sans l'autorisation écrite de l'auteur, sauf pour citations de brefs passages avec source d'informations dans un examen ou revue de littérature.

Couverture et design intérieur : Nathalie Turgeon
ISBN : 978-1-7380358-4-7
ISBN English version : 978-1-7380358-5-4

Depuis plusieurs années, on entend parler de manifestation. Et pour ceux qui ont décidé de rejeter tout aspect de religion et spiritualité, ce concept de manifestation est attrayant et attirant. Certains ont beaucoup de succès à voir leurs désirs et leurs rêves se manifester alors que pour d'autres, quelque chose du concept semble manquer dans leur équation. Ils s'attendent à trouver une formule miracle. Ils s'attendent à ce qu'un pouvoir en eux émerge pour leur permettre de créer des miracles. Ils approchent le concept avec leur intellect et espèrent trouver l'équation complète uniquement avec un point de vue de l'intellect, donc de l'ego.

On voit de plus en plus de gens provenant du 'monde de la science' faire des liens avec la spiritualité. Bien entendu, ce qui est le plus véhiculé de ces gens est la portion plus scientifique, mais quand on prend le temps de lire leurs ouvrages et regarder les documentaires qu'ils sont créés avec leurs nombreuses recherches, on peut très bien voir que le volet spirituel a une grande place dans l'équation qu'ils démontrent.

Je ne sais pas si vous l'avez déjà vu, il y a une publication qui circule sur les réseaux sociaux depuis plusieurs années qui mentionnent que du point de vue de la religion, on utilise le mot esprit, du point de vue de la science, on utilise le mot énergie et du point du vue de tous les jours dans la rue, on utilise le mot *vibe*. Et ça conclu en disait que peu importe, quand vous le ressentez, suivez-le. Quoi qu'inexacte parce que même en spiritualité, on utilise le mot énergie, la première fois que je l'ai vu, j'ai trouvé que c'était bien parce que ça permet à tout le monde de trouver son compte, et en même temps ça ouvre une porte dans le conscient à une curiosité pour en savoir plus. Beaucoup préfèrent ne jamais utiliser le vocabulaire à connotation religieuse pour leurs raisons bien personnelles. N'empêche que lorsque l'on parle de manifestation, d'énergie, de *vibe* et de non visible, on fait tout de même référence à la foi.

La Foi ou la manifestation

Pour la plupart des gens, avoir la foi ça veut dire de croire en quelque chose avant même qu'on ne puisse le voir. Et souvent, ce concept dans la vie de tous les jours est difficile à accepter alors encore moins à le maîtriser.

J'aimerais vous dire qu'avoir la foi ne veut pas dire de croire aveuglément en quelque chose avant tout pour ensuite le voir. Mais, j'aimerais aussi vous dire qu'avoir la foi, c'est effectivement croire aveuglément en quelque chose parce que oui, il faut croire sans que l'ego ne fasse partie de l'équation, sans que l'intellect n'intervienne dans le processus ou voile une portion du processus de la foi.

Pour l'intellect, c'est un concept impossible et je vous explique pourquoi en toute simplicité.

J'aurais bien aimé plus jeune qu'on m'explique le processus plutôt que de m'enseigner et me répéter sans explication que la foi c'est croire avant de voir, et que quelqu'un qui n'est pas capable de croire sans voir n'a pas la foi (en Dieu). Baliverne!

Cette façon erronée de penser et de croire continue encore aujourd'hui de semer le doute et continue d'éloigner les gens de leur plein pouvoir, de leur bien-être spirituel et leur bien-être physique. Souvent, même leur connexion intérieure en est brisée puisqu'ils n'arrivent pas à voir au-delà de cette croyance. Et devinez quoi ? C'est exactement ce qui fait plaisir à l'ego ou l'intellect selon le vocabulaire que vous préférez.

Regardez cette image avant que de continuer.

Pouvez-vous voir que la portion *je-dois-le-voir-pour-le-croire* n'est en fait qu'une portion d'un tout ? Et pouvez-vous voir également que le processus de la manifestation n'est en fait que le processus de la foi ?

L'intellect ne peut croire que ce qu'il voit, entend, touche, sent, ressent, goûte, donc, avec les sens du corps physique l'intellect se fait une vérité. Tout ce qui est vu entendu, touché, senti, ressenti, goûté devient une donnée qui s'enregistre dans une base de données personnelle qui s'appelle le subconscient. Pour changer une vérité, l'intellect doit avoir de nouvelles données remplaçant les anciennes dans la base de données personnelle, dans le subconscient.

L'intellect ou l'ego doit donc voir pour croire puisque ce qui n'est pas dans le subconscient n'est pas une vérité donc ça entre dans la catégorie de ce qui est impossible. Vous connaissez le dicton :
« Je le croirai quand je le verrai » ?

Mais pourquoi l'ego doit voir pour croire ?

Parce que l'ego ou l'intellect prend ses informations dans la base de données où tout est enregistré.

Parce que l'ego ou l'intellect appartient au corps physique et à sa réalité qui l'entoure.

Parce que lorsque l'humain fait face à une situation, peu importe ce qu'elle est, l'intellect rassemble des données dans l'espace mental, connu sous le nom de l'esprit (dans notre esprit), pour savoir comment y faire face et savoir comment réagir ou *ré-agir*. Ça n'est pas pour rien qu'il y a souvent plusieurs semaines de pratique avant une générale, ou encore que les gens qui ont des métiers demandant énormément de précision ont eu plusieurs années de pratique avant d'entamer leur carrière. Ces pratiques font que lorsque le moment est venu, la personne n'est pas devant l'inconnu ou l'impossible puisque les données nécessaires sont dans sa base de données, dans son subconscient prêtes à refaire surface dans l'espace mental. Le corps physique étant un instrument pour l'esprit, il répond et ré-agit ou sait comment agir. Souvent sans avoir à réfléchir de nouveau ou à agir aveuglément.

Notre ego ou notre intellect est très important pour notre survie. Lorsque l'ego rassemble des données prises dans notre banque de données, c'est pour facilement et rapidement survivre à la situation présente.

Par conséquent, tout ce que nous avons vécu et vivons est enregistré dans notre subconscient. Notre ADN en fait aussi partie puisque ce sont des données... différentes, mais tout de même des données de fonctionnement et de non-fonctionnement. Nos croyances et non croyances, nos limitations personnelles, collectives et culturelles, nos habitudes de penser et d'agir, nos émotions associées à ce dont elles sont associées, sont toutes des données faisant partie de notre subconscient.

Et plus nous reprenons les mêmes données pour faire face à une situation, une conversation, une imagination, plus ces données restent actives. Il faut voir cela de la même façon que les pratiques avant une générale. Plus on pratique, plus les mouvements et les paroles deviennent fluides, et même parfois inconsciemment effectués. Prenez par exemple conduire une voiture. Combien ont déjà expérimenté se rendre d'un point A à un point B perdu dans ses pensées sans s'être rendu compte des rues tournées par habitudes et des sorties d'autoroutes prises par habitudes. Même le corps physique sait quoi faire et comment réagir pour freiner et accélérer ou mettre un clignotant pendant que vous êtes complètement perdu dans vos pensées.

Plus les données sont nourries, plus elles grandissent et sont celles qui seront les premières prises la prochaine fois qu'une situation similaire se présentera, ou qu'une pensée de telle ou telle personne, ou telle ou telle chose refera surface. De façon automatique. Pourquoi ? Pour savoir ré-agir. Pour être capable de survivre à ce qui est et sera. C'est l'ego qui contrôle l'espace mental.

L'ego a vu et il a cru, donc tant qu'il continuera de voir ce qu'il croit, il continuera de croire en ce qu'il voit. Ce cycle renforce les données et justifie qu'elles sont véridiques. Pourquoi arrêter de croire en quelque chose qui se confirme chaque fois, n'est-ce pas ?

Et tant que l'ego contrôle l'espace mental avec ces données *j'ai-vu-donc-j'y-crois*, la personne sera toujours en mode ré-action et avancera dans sa vie par défaut ou en mode survie.

Plus une personne se fit à ce qu'elle a vu comme étant sa vérité, plus elle pensera qu'il est difficile de croire quelque chose qui n'a jamais été vu ni entendu, ni lu, ni ressenti. Donc avoir la foi. Parce que ça sort de sa réalité et entre dans l'abstrait ou la métaphysique, tout ce qui est au-delà du physique.

Pour simplifier ce qui suit disons que l'ego appartient à l'être humain comme l'âme appartient à l'être spirituel. Nous sommes tous des êtres spirituels ou énergétiques expérimentant à travers des êtres physiques. Le corps physique est donc un appareil pour l'esprit, quoi que la plupart des gens vont utiliser une autre comparaison qui est celle disant que le corps est un véhicule pour l'âme.

J'ajoute ici que l'ego avec son ego-personnalité fonctionne dans son ego-réalité. L'ego-personnalité est la personne que nous sommes qui change, ou non, au fil du temps en même temps que la réalité qui nous entoure, notre ego-réalité.

Dans le monde linéaire qui a un passé, un présent et un futur, ce présent n'est en fait que rempli de données provenant du passé pour ré-agir et par conséquent avancer par défaut. Ce qui fait que chaque jour ou chaque phase de la vie est plus ou moins répété. Plus ou moins parce que si de nouvelles données sont ajoutées volontairement avec pleine conscience, le demain ou la phase suivante aura un nouveau design.

Pourquoi ? Parce qu'il y aura eu une modification ou un remplacement des données dans la base de données, dans le subconscient. Ce qui veut dire que lorsque quelque chose arrivera, les informations pour y faire face ne seront plus les mêmes qu'auparavant, donc les actions seront également différentes. Les histoires nourries dans l'esprit ou l'espace mental seront également différentes.

Et si une personne comprend que le moment présent contient simultanément le passé, le présent et le futur, chaque jour peut devenir un nouveau tout puisque cette personne avance en dehors de sa zone d'ego-confort. Et c'est avec la foi qu'une personne peut sortir de cette zone d'ego-confort.

C'est ici que comprendre et avoir la foi peuvent devenir quelque chose de très important.

L'ego ou l'intellect n'a accès qu'à ce qui est tangible ou visible, ou disons faisant partie de la vie humaine. L'ego n'a pas accès aux données qui sont au-delà des sens physiques. C'est pourquoi lorsque nous pensons à quelque chose, tant que ça n'est pas ressenti, dit, écrit ou vu, ça ne reste que des images statiques qui passent dans l'esprit et qui ne prennent vie d'aucune façon. Elles n'ont aucune valeur tant que nous ne lui en donnons pas, c'est-à-dire tant que l'ego ne lui en donne pas.

Ce sont donc les pensées qui sont pensées ou réfléchies qui prennent forme, car nous leur donnons vie en premier dans notre espace mental. Une image qui est accompagnée d'émotions est une image qui prend vie.

L'émotion est ce qui alimente l'image. Parfois, l'image ne génère pas d'émotions, mais à force de la voir et revoir, un ou plusieurs détails s'accompagnent d'émotions puisque l'intellect cherche quelque chose de similaire dans notre banque de données permettant de ressentir quelque chose d'agréable ou non. Lorsque l'on voit quelque chose plusieurs fois, donc encore et encore, l'intellect a plus de temps pour s'approprier tous les détails et lui donner de plus en plus vie. Ça devient de nombreuses pratiques avant une générale. D'où l'importance d'arrêter de nourrir dans notre espace mental ce qu'on ne veut pas expérimenter.

Rappelez-vous le processus.

Je vais maintenant vous dire quelque chose qui va faciliter la compréhension de tout ceci : l'intellect ou l'ego croit que tout ce qui est dans le subconscient est vrai peu importe sa provenance. Et on sait que les données les plus actives sont celles qui font rapidement surface dans l'espace mental devant une situation courante. Un des rôles de l'ego est notre survie et il prend son rôle très au sérieux.

Mais les données dans notre subconscient ne proviennent pas seulement de notre expérience physique. Elles proviennent également de notre Moi supérieur et de la Conscience Supérieure. Donc plus vous prenez le temps de vous connecter à votre Moi Supérieur, plus vous laissez la place à votre plein potentiel d'ajouter de données dans votre subconscient, donc d'y croire puis le voir éventuellement.

Je semble peut-être m'éloigner du sujet de la foi, mais cette portion fera en sorte de faire taire les questionnements provenant de l'ego qui doit voir pour croire.

Prenez le temps de regarder l'image qui suit qui fait partie d'une autre de mes publications. Elle est plus ou moins complète, mais le nécessaire est présent pour mieux comprendre.

La Foi ou la manifestation

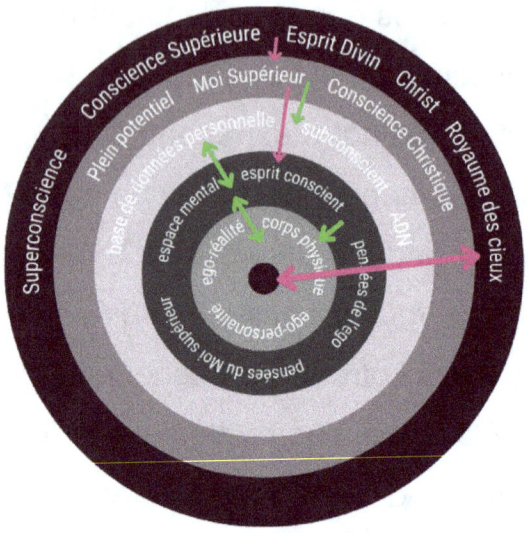

- Le corps est un instrument pour l'esprit conscient. Il ne fait que reproduire ou répondre.
- Tout ce qui entre dans l'espace mental par les sens physiques s'enregistre dans la base de données, dans le subconscient.
- La Conscience Christique par le Moi Supérieur impressionne ou ajoute des informations dans le subconscient.
- L'ego ou l'intellect n'a accès qu'à la base de données et ce qu'elle contient, peu importe la provenance des données.
- L'esprit conscient va chercher ses informations dans la base de données. Ces informations n'ont aucun pouvoir, ce sont des données passives.
- L'esprit conscient est l'espace pour choisir quoi faire avec les informations qui font surface.
- L'ego, le Moi Supérieur ou la Conscience Christique peuvent contrôler l'espace mental et le choix des informations.

La Foi ou la manifestation

Alors lorsque vient le temps d'avoir la foi en quelque chose, ça ne veut pas dire d'espérer quelque chose d'impossible ou d'inimaginable. Ça veut dire de prendre le temps de s'asseoir pour compléter le processus volontairement et avec pleine conscience. On doit prendre le temps de méditer ou prier en silence, ce qui est la même chose. Une petite parenthèse ici sur la prière : beaucoup croient que demander et quémander consistent en ce qu'est une prière. En fait, une prière est une conversation à l'intérieur de soi dans laquelle on participe à la cocréation de quelque chose. On prend le temps de se connecter à notre être infini, d'écouter la Conscience Supérieure pour être réceptif aux actions inspirées et d'être en mode de gratitude pour ce qui sera. Donc on doit prendre le temps de revoir le processus de la manifestation de ce que nous désirons, ou avons besoin, du début à la fin sans que l'ego n'intervienne. On doit activer sa foi.

Trop souvent, on essaie de croire en quelque chose qu'on aimerait voir et que l'on sait au fond de nous que c'est possible, mais l'ego voile rapidement ce qu'on a vu avant même qu'on arrive à le ressentir.

Il faut soulever les voiles de l'ego pour aller au-delà, là où l'ego ne peut pas aller. Comme le corps physique ne peut pas accéder au monde non-tangible ou non-visible puisqu'il utilise les yeux du corps humain et les sens physiques, c'est donc avec les sens de notre être énergétique que l'on peut accéder au non-visible. Ce que l'on appelle nos clairs comme la clairvoyance, clairsentience, clairaudience, claircognisence. Ce sont ces sens qui deviennent actifs lorsqu'on ferme les yeux et se détache des ressentis de notre corps physique. Ça n'a rien à voir avec la magie, c'est tout à fait logique de penser que si notre être physique a des sens, notre être énergétique ou spirituel en a aussi.

Si vous fermez les yeux, vous pouvez plus facilement imaginer, c'est-à-dire avoir une image mentale ; quoi que certaines personnes n'arrivent pas à imaginer et d'autres ont une imagination débordante et très colorée.

Lorsque l'on imagine quelque chose, c'est dans notre espace mental qu'on le voit. Que ce soit une image ou même des mots. Que soit agréable ou non. C'est dans l'espace mental que ça se passe. Et quand on prend le temps de nourrir cette imagination, on y ajoute l'énergie que cette imagination a besoin pour être mise en branle et se concrétiser. Quand on voit une image et qu'on ressent ce qu'elle représente ou qu'elle est pour nous, ces émotions ressenties valide l'image. Ces émotions confirment que l'on commence à croire en ce que l'on voit comme une possibilité. Et plus on l'imagine avec des émotions, plus on a la conviction que ça peut arriver et être réel. Encore une fois que ce soit agréable ou non.

Et si on y croit assez longtemps et l'imagine souvent, on finit même par agir pour donner suite à cette imagination. Elle commence à prendre forme et à devenir réalité. Parfois, les actions sont logiques et intellectualisées et parfois, elles sont inspirées.

Donc ce que l'on a vu dans notre espace mental, qu'on a nourri avec des émotions de plus en plus fortes et constantes et continues, on l'a cru au point que ça devienne vrai pour nous, et lorsque c'est devenu visible dans notre ego-réalité, on ne peut que le croire hors de tout doute. En fait, je dis ego-réalité parce que dans notre imagination, dans notre espace mental, dans le non-visible, c'était déjà une réalité.

Alors comme vous voyez avoir, la foi ça n'est pas et n'a jamais été que de croire pour le voir. C'est une ego-conception pour nous garder loin de notre plein potentiel et de notre plein pouvoir de cocréation.

L'ego n'est pas gagnant quand nous prenons le temps de nourrir notre imagination positivement et avec sagesse, parce qu'on devient à ce moment le designer de notre futur.

Quand les idées viennent de notre plein potentiel ou notre Moi supérieur, et qu'elles sont inspirées de la Conscience supérieur pour nous permettre d'être heureux, parce que Dieu (Source, Esprit Divin, Intelligence infinie, Conscience Supérieure) ne veut que notre bien-être et notre bonheur, le chemin à suivre est ouvert sans ego-effort. Et comme l'ego ne peut pas accéder au non-visible, mais uniquement à ce qui est dans sa base de données pour projeter ce qui peut être et exister, son équation commence donc avec *je-dois-voir-pour-croire*. Son contrôle dans notre espace mental cherche à occuper tout notre temps pour nous garder de prendre le temps de prendre le temps de méditer, de prier, de se connecter intérieurement là où l'ego ne peut pas suivre.

    On vient en fait de voir que rien n'existe avant d'avoir été vu. Tout ce qui existe a d'abord été une idée, une pensée et une image qui a été vue et revue et sentie et ressentie, avec un résultat souhaité. Même quand on ne comprend pas tout à fait le comment du pourquoi. C'est un processus parfois rapide voire instantané et parfois c'est un processus qui peut s'étendre sur plusieurs décennies. On l'a vue avec l'invention des avions, des moteurs de voitures, de l'électricité, des ordinateurs qui communiquent entre eux d'un bout à l'autre de la planète. Une toile de peintre, une sculpture, une robe, une table, une maison, tout a été vu dans l'espace mental avant de devenir une réalité tangible et possible. Ces gens ont eu la foi et ont suivi leur guidance intérieure.

Donc avoir la foi ça n'est pas de croire avant de voir, mais bien de ne pas suivre le cheminement et la logique de l'ego ou de l'intellect ; c'est de voir en soi, de le croire avec conviction par nos émotions ressenties... avant de le voir exister dans notre vie... et de le croire de nouveau ou confirmer la croyance.

Beaucoup enseignent comment cocréer ou manifester uniquement pour faire plaisir à l'ego donc pour améliorer leur vie oui, mais sans nécessairement faire de différence ni aider son prochain, sans suivre leur plein potentiel. Ces gens ne parlent donc pas de la foi parce qu'ils sont séparés de leur entièreté, ou croient que c'est un nouveau processus qui n'a rien à voir.

C'est en fait la foi qui est tout simplement nommé avec un vocabulaire plus moderne pour éviter de déclencher les pensées de l'ego qui ne cherche qu'à garder son contrôle et qu'à limiter sa zone d'ego-confort.

C'est également une façon de permettre une certaine expansion sans anciennes connotations religieuses pour plusieurs. Et à notre ère, beaucoup se sont éloignés de la religion, mais ont en même temps rejeté leur spiritualité. Et comme il est impossible de rejeter notre essence, donc l'être spirituel ou énergétique que nous sommes, parler de manifestation est devenue plus ou moins une méthode de cocréation tout de même essentielle à l'expansion de qui nous sommes et du plus grand que soi.

L'ego ou l'intellect ne peut pas nous laisser croire correctement à ce qu'est la foi puisque c'est ce qui mène à sa perte, à la perte de son contrôle face à notre demain.

Lorsque nous avons la foi, nous croyons en notre plein potentiel, en notre pouvoir de cocréation avec la Conscience Supérieure, l'Esprit Divin, la Source ou Dieu, peu importe comment vous préférez appeler cette Énergie Créative. Et lorsque nous reprenons le contrôle de notre espace mental, nous pouvons modifier le destin que l'ego se faisait un plaisir de tracer devant nous à partir d'anciennes données.

La foi qui permet bouger des montagnes ou marcher sur l'eau, ou de soudainement guérir, elle n'a pas été aveugle, elle a été imaginée donc vu dans l'espace mental, elle a été ressentie avec conviction et hors de tout doute donc elle a été crue, puis ensuite, elle a été ego-vraie. La foi est ce qui est vrai dans la réalité avant d'être vrai dans l'ego-réalité.

Les Grands-maîtres n'allaient pas méditer ou prier pour quémander un miracle, ils allaient méditer pour se connecter afin de s'aligner hors de tout doute, ou sans leur ego contrôle avec cette première portion de le voir, le ressentir et le croire pour ensuite le cocréer. Cette force créatrice n'est pas celle de l'ego ou de l'humain, elle vient de la Conscience supérieure qui crée à travers nous.

L'intellect ne peut rien créer par lui-même. Il ne peut que projeter ce qui existe déjà.

La foi, c'est le processus de création.

En regardant l'image sous un nouvel angle, on peut voir que non seulement la foi est importante, mais elle est la base à suivre. Beaucoup d'ailleurs suivent ce processus sans même en être conscient.

La Foi ou la manifestation

Pourquoi certaines affirmations ou prières fonctionnent alors que d'autres non ? Pourquoi certains désirs se manifestent alors que d'autres non ? Pourquoi certaines choses non désirées se manifestent quand même ? Pourquoi certaines personnes semblent subir des miracles alors que d'autres non ? Pourquoi certaines choses semblent perdurer et faire plus de mal que de bien ?

Parce que dans l'imagination et les pensées donc dans l'espace mental, ces choses désirées ou non sont entretenues et ne peuvent que compléter leur processus. Ce qui est dans la réalité termine dans l'ego-réalité à moins d'agir en architecte pour changer le plan à sa base ; à moins d'en être conscient et de modifier les données et en ne suivant que les actions inspirées donc celles qui viennent du Moi supérieur.

L'ego se croit tout-puissant et fait tout en son pouvoir pour garder ses fausses croyances actives. Et c'est en soulevant les voiles de l'ego, c'est-à-dire en transmutant une à une les pensées et croyances de notre ego qu'on peut arriver à voir au-delà de ces voiles donc, de voir avec notre âme, ou notre Moi Supérieur ou notre plein potentiel. C'est en soulevant les voiles de notre ego que l'on peut voir cette Lumière briller et éclairer nos pas.

L'ego a tout à son avantage de nous faire croire qu'il est difficile d'avoir la foi. Et maintenant que vous savez que vous pouvez croire sans voir parce que vous connaissez la portion qui vient avant... vous pouvez fermement dire que vous avez la foi.

ayez foi ~~faites semblant~~
jusqu'à ce que
vous y parveniez

Dr Nathalie Turgeon Ph.D.
Praticienne en métaphysique
Coaching de vie . Coaching spirituel

Incarner sa mission de vie

Dr Nathalie a pleinement incarné sa mission de vie lorsqu'elle a décidé d'auto-publié son premier livre de pratique en 2016. Sans expérience professionnelle d'auteure, elle savait seulement qu'elle devait commencer à incarner sa mission de vie d'une façon différente. Croire en elle-même. Se faire confiance et faire confiance au processus. Elle a toujours su qu'écrire et enseigner étaient sa passion.

C'est lorsqu'elle a clairement compris sa mission de vie personnelle qu'elle a sauté sans filet, ou plutôt avec seulement un filet divin comme seul filet afin de l'incarner en s'alignant avec celle qu'elle savait pouvoir devenir, et ce, malgré un plan d'action plus ou moins clair voilé par les pensées provenant de l'ego.

A travers la gratitude et à travers ses épreuves personnelles et ses leçons de vie personnelles qui lui ont permis de devenir experte dans l'art de rester elle-même et d'exprimer son plaisir et son Amour inconditionnel, elle a appris à développer une Attitude de Gratitude inconditionnelle et à la maintenir malgré toutes les situations. C'est cette méthode d'enseignement qu'elle a créée avec son Moi intérieur, qu'elle a reçu comme un download d'informations au moment de préparer le contenu d'un atelier pour commencer à partager comment elle avait atteint cette Attitude de Gratitude inconditionnelle. Elle l'a ensuite introduit dans un programme en ligne asynchrone et également sous forme de livre. Elle a également fait de la gratitude le sujet de sa thèse de doctorat en philosophie, spécialisée dans en conseil métaphysique intitulé : *Gratitude as a Spiritual Mind Treatment for Mental Health*. (La gratitude comme traitement spirituel pour la santé mentale.

    Alors que plusieurs obtiennent un doctorat et commencent à travailler dans leur nouveau choix de carrière, elle s'intéressait déjà à la métaphysique depuis plus de vingt ans avant d'obtenir son doctorat. À travers son parcours parallèle de thérapeute en santé globale tout en gardant un pied dans le monde de la bureautique qu'elle appréciait pleinement, le seul lien qu'elle a suivi est celui du domaine énergétique; de son expérience professionnelle de naturopathe combinée à une pratique de massothérapeute, qui l'a inspirée à apprendre et à devenir maître Reiki tout en profitant de pratiques mystiques amusantes telles la numérologie, la lecture de cartes et la géomancie, c'est une fois qu'elle est devenue maître Reiki que les choses ont commencé à se dérouler à une vitesse accélérée reliant tous ces points, d'où l'importance de suivre les inspirations même lorsque l'on ne voit pas encore l'interconnexion.

    Son Attitude de Gratitude inconditionnelle n'aurait pas été possible sans une connexion intérieure personnelle à travers de nombreuses méditations et un travail intérieur s'échelonnant sur plusieurs décennies. Même si elle n'enseignait pas la méditation à proprement parler, Dr Nathalie a rédigé son mémoire de maîtrise sur la méditation : *Reaching the summit of consciousness through meditation like Great Masters and prophets did.* (Atteindre le sommet de la conscience par la méditation comme l'ont fait les Grands Maîtres et les prophètes.) Elle a également auto-publié un livre d'affirmations d'Unicité : *Réalisation du Soi, Nourriture pour les pensées*; 21 versets d'affirmations d'unité puissantes co-écrites avec son Moi intérieur qu'elle a eu envie de partager.

Parce qu'elle aime apprendre et simplifier les choses pour que l'ego n'interfère pas trop lors de l'apprentissage de différents concepts ou lorsque vient le temps de démystifier cet ego, et parce qu'un de ses rêves est de permettre à chacun d'avoir accès à des ressources de développement personnel, spirituel ou métaphysique quel que soit leur budget et leur méthode préférée, elle suit ses inspirations en créant du contenu pour aider les gens sur leur cheminement de pleine conscience en les amenant de la pleine conscience à l'éveil de conscience, pour ensuite cheminer de leur éveil de conscience à la réalité permettant de continuer d'une attitude de gratitude à l'Unicité, à cette interconnectivité et harmonie avec l'Univers et la Source primaire de l'Univers.

Ses enseignements permettent de comprendre qu'il s'agit avant tout de comprendre son système de pensées de l'ego pour pouvoir soulever les voiles de l'ego, de voir avec son Âme, de choisir son identité-ego alignée sur ses désirs, et d'avoir une attitude de gratitude inconditionnelle. Grâce à ses expériences personnelles, elle enseigne par l'exemple et est devenue une experte en ce qui concerne l'ego.

Tout en s'amusant à créer du contenu en ligne ainsi que des livres et cahiers d'exercices pour sa série de développement personnel et de bien-être spirituel, elle continue d'apprendre année après année en étant elle-même en première ligne dans ce qu'elle enseigne. Son intégrité vient du fait qu'elle enseigner uniquement ce qu'elle a appris à maîtriser elle-même afin de créer un réel impact personnel et collectif.

Son mantra qu'elle a reçu non seulement comme download, mais aussi comme enseignement pour vous aider est...

Inspirez, laissez aller toutes les pensées et votre vision provenant de votre ego, voyez avec votre Âme et Aimez !

breatheinloveoutcenter.ca

www.ingramcontent.com/pod-product-compliance
Lightning Source LLC
Chambersburg PA
CBHW052207070526
44585CB00017B/2106